I LOVE YOU
BECAUSE

This is a book written by me and dedicated to us.

There are so many reasons why I love you.

The following are just a few.

To: From:

1

3

 # I LOVE YOU
BECAUSE

When we met, the first thing I noticed about you was...

I still remember the way you

when we first started dati

 # I LOVE YOU
BECAUSE

When we met, the first thing I noticed about you was...

2

 # I LOVE YOU
BECAUSE

I still remember the way you used to...

when we first started dating.

3

 # I LOVE YOU
BECAUSE

I knew you'd be my person when...

4

# I LOVE YOU BECAUSE

If I could describe my love for you through a dessert

because...

 # I LOVE YOU
BECAUSE

I knew you'd be my person when...

4

I LOVE YOU
BECAUSE

If I could describe my love for you through a dessert, it would be

because...

5

 # I LOVE YOU
BECAUSE

When I think about our first date, I still remember the way you...

it still makes me feel...

6

I LOVE YOU
BECAUSE

I love how every time I'm sad, you do this...

to cheer me up.

 # I LOVE YOU
BECAUSE

My favourite part about your body is...

8

9

 **I LOVE YOU BECAUSE**

I can't get enough of your...

 # I LOVE YOU
BECAUSE

You should win an award for...

10

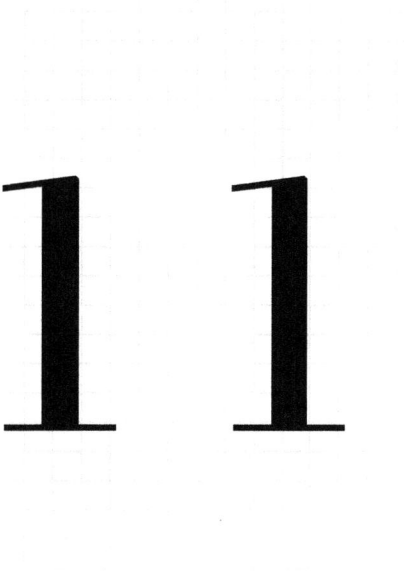

 **I LOVE YOU BECAUSE**

When it comes to love, you've taught me th

 # I LOVE YOU
BECAUSE

The best part about us is...

12

 # I LOVE YOU
BECAUSE

I love you most when...

13

 # I LOVE YOU
BECAUSE

I know you love me when...

14

 # I LOVE YOU
BECAUSE

I'm so grateful for...

15

I LOVE YOU
BECAUSE

I don't tell you enough of this...

16

I LOVE YOU
BECAUSE

We aren't perfect but...

17

I LOVE YOU
BECAUSE

I secretly love how...

18

I LOVE YOU
BECAUSE

My favourite fantasy about you is...

19

I LOVE YOU
BECAUSE

You make me laugh when...

20

I LOVE YOU
BECAUSE

I still find myself checking you out when...

21

I LOVE YOU
BECAUSE

If our love was a movie, this celebrity would play you:

22

I LOVE YOU
BECAUSE

You are the best simply because...

23

I LOVE YOU
BECAUSE

You are the best simply because...

24

I LOVE YOU
BECAUSE

If you were a place in the world, you'd be...

25

I LOVE YOU
BECAUSE

You are the

_____

to my

_____

26

I LOVE YOU
BECAUSE

Seeing you do this makes my day

27

I LOVE YOU
BECAUSE

We go together like

+

28

I LOVE YOU
BECAUSE

When you are away the one thing I miss most about you is...

29

I LOVE YOU
BECAUSE

My favourite memory of you is...

30

I LOVE YOU
BECAUSE

No one in the world could ever replace you because....

31

I LOVE YOU
BECAUSE

You have no idea how talented you are when it comes to...

32

I LOVE YOU
BECAUSE

If you were an animal, you'd be...

because...

33

I LOVE YOU
BECAUSE

A song that reminds me of you is...

because...

34

I LOVE YOU
BECAUSE

You have no idea how talented you are when it comes to...

35

I LOVE YOU
BECAUSE

You make me feel like the only person in the room when...

36

I LOVE YOU
BECAUSE

Your superhuman power is...

37

I LOVE YOU
BECAUSE

What most people don't know about you is...

38

I LOVE YOU
BECAUSE

You have a knack for...

39

I LOVE YOU
BECAUSE

I can never get enough of your...

40

I LOVE YOU
BECAUSE

I smile every time I think about the time you ...

41

I LOVE YOU
BECAUSE

Something I can never get enough of is the way you ...

42

I LOVE YOU
BECAUSE

You have a real gift of making people ...

43

I LOVE YOU
BECAUSE

I can't believe you still do this everyday ...

44

I LOVE YOU
BECAUSE

My favourite 'in' joke of ours will always be ...

45

I LOVE YOU
BECAUSE

I'm so grateful for you because ...

46

I LOVE YOU
BECAUSE

To me your best personality trait is ...

47

I LOVE YOU
BECAUSE

You have the best ...

48

I LOVE YOU
BECAUSE

I love you for many reasons but one of them is ...

49

I LOVE YOU
BECAUSE

If there's one thing you need to know, it's ...

A note from me to you:

Printed in Great Britain
by Amazon